上哲博士
玄空六法
實務解析眞訣

沈上哲

著

序文

　　我一直努力在讀書教學和學術研究上，利用閒暇之餘會涉略一些風水書籍，但都只是於興趣和好奇，直到遇到余老師，他收為我為門生，才讓我風水知識才能跨越一大步。

　　因此將這幾年所學的資料整理成冊，希望能對於風水愛好者對於玄空六法有所正確且深入的認識。我一直在驗證和落實風水的理論，自己要能有效才能用在客戶的身上；風水要有所本，也就是用的方法要有所依據。在進入風水師門前，遇過太多不知是何種派別的老師，每個老師的說法都不同，我曾經懷疑過風水的有效性！我是學科學的人，直接我接觸到玄空六法和納氣，我才真正體會到風水的有效性，在此之前浪費太多時間和金錢，因此我最大的期望就是——讀者和我們客戶不用再走我以前的冤枉路，就能利用風水改善生活和得到正確的風水知識。

沈上哲 博士

壬寅年於台灣高雄

祖師談養吾

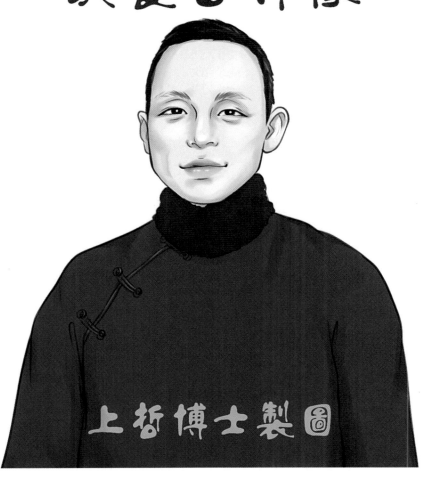

談養吾肖像

上哲博士製圖

3

學經歷簡介

沈上哲 博士

余氏玄空六法入門弟子
臺灣義守大學電機博士
上海交大博士畢業

電話：0973688095
Line/微信ID: 0973688095
信箱: shangzhe@yahoo.com
QQ: 2595704272@qq.com
高雄市鳳山區自強二路229號3樓

上哲博士

余氏3元玄空大卦勘輿風水入門弟子
上哲博士風水負責人/大學教授
義大電機博士/上海交大生物專業博士畢業
中華民國天機地理協會高級學術顧問
中國五術命理學會學術顧問
東方易理哲學教育研究會學術顧問
宜蘭縣星相卜卦與堪輿職業工會高級學術顧問
上哲賜教電話：0973688095
信箱：shangzhe@yahoo.com
QQ：2595704272@qq.com

目錄

前言

一、易經

　　易經是門最古老，最神祕，最深奧，最權威，的一部經典著作。爲古代中國風水命理師運用六十四卦以預知未來吉凶禍福的卜卦之書，自漢代開始尊奉爲五經之一；易經運用一套符號形式系統描述事物的變化，例如：天地、日月、寒暑、男女、陰晴等，相互對立、相互依存和消長，裡面展現中國文化的哲學思想和宇宙觀。

　　五行代表大自然造物相生相剋，換言之，五行乃宇宙間萬事萬物存在的形式、狀態、屬性、歸類及其相互制約的規律。《繫辭上傳》：易有太極是生兩儀，兩儀生四象，四象生八卦，八卦定吉凶，吉凶生大業。以此推論整個宇宙可謂太極，地球形成後，則有了兩儀（天和地）：陰陽本乎太極見於兩儀。大到宇宙，中到羅經，小到分子，從人有生命之體到無形之時間、空間皆可稱之爲太極。太極是中國思想史上的重要概念，影響人們深遠，主要繼承自《周易》：「易有大恆，是生兩儀。兩儀生四象，四象生八卦。」太極是始數、兩儀是方根，四象是平方、八卦是立方，十六卦是三乘方、三十二卦是四乘方，最後的六十四卦就是五乘方，一直堆疊而產生變化。

上哲博士易經八卦

一	二	三	四	五	六	七	八	八卦
乾	兌	離	震	巽	坎	艮	坤	

天　澤　火　雷　風　水　山　地

老陽　　少陰　　少陽　　老陰　　四象

陽儀　　　　陰儀　　　兩儀

太極

太極生兩儀
兩儀生四象
四象生八卦

太極				①					始數		
兩儀			①		①				方根		
四象		①		②		①			平方		
八卦	①		③		③		①		立方		
十六卦	①	④		⑥		④		①	三乘方		
三十二卦	①	⑤	⑩		⑩		⑤	①	四次方		
六十四卦	①	⑥	⑮	⑳		⑮	⑥	①	五乘方		

二、河圖和洛書

在很早之前，伏羲畫卦，在古太極的基礎上，發明瞭先天八卦（河圖和洛書被譽爲「宇宙魔方」），河圖配於東、南、西、北、中：洛書九星配於先天八卦。把八卦變化爲重疊卦，八八六十四卦：八卦二十四山，並制定了六十甲子，一年十二個月和二十四節氣等。發展到周文王時期，又把八卦進化爲「後天八卦」：把洛書九星分佈在後天八卦，對六十四卦進行了註解，成爲從古至今流傳的周易文化。

河圖

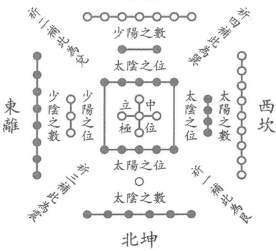

南乾
少陽之數
太陰之位

西坎
太陽之數
太陰之位

東離
少陰之數
少陽之位

立極　中位

太陽之位
太陰之數

北坤

洛書

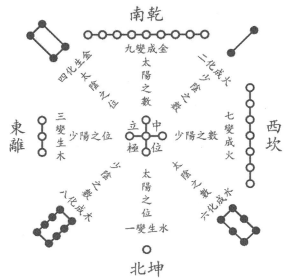

南乾
九變成金
太陽之數

西坎
七變成火
少陽之數

東離
三變生木
少陽之位

四化生金
太陰之數

二化成火
少陰之數

六化成水
太陰之數

八化成木
少陰之位

立極　中位

太陽之位
一變生水

北坤

上哲玄空六法

1.河圖

天一與地六相合爲水在北方：一六共宗。

地二與天七相合爲火在南方：二七同道。

天三與地八相合爲木在東方；三八爲朋。

地四與天九相合爲金在西方；四九爲友。

天五與地十相合爲土居中，總數爲五十五。

一六共宗，即二十四山之癸子壬亥乾戌；二七同道，即二十四山之未坤申庚酉辛；三八爲朋，即二十四山之乙卯甲寅艮丑；四九爲友，即二十四山之辰巽巳丙午丁。天地之氣，一六與四九可通，二七與三八可通，一六與三八則不可通，二七與四九則也不可通。坎離逢震巽，兌合乾坤，也就是一六四九通，二七三八可通之意。

2.洛書

「戴九履一，左三右七，二四爲肩，六八爲足，五居中央」垂直、橫向、斜三條線上的三個數字，其和數皆等於 15。總數爲四十五，河圖洛書全部佈局在八卦中，按整體全面數理分析，河圖爲五十五，洛書爲四十五。它們的總數爲一百，合二爲一，除以二爲五十，合理之數爲蘊涵玄機妙法。

一白爲水在坎北方；

二黑爲土在坤西南方；

三碧爲木在震東方；

四綠爲木在巽東南方：

五黃爲土在中間：

六白爲金在乾西北方：

七赤爲金在兌西方：

八白爲土在艮東北方；

九紫爲火在離南方。

一九天地定位：二八雷風相搏：三七水火不相射；四六山

澤通氣。蔣大鴻言洛書大數先天矩，的爲至理名言，地理又以貪祿文廉武破輔弼之九星稱之者，亦爻象之代名詞，用不在星而在於卦，不在於後天之卦，而在於先天之一再三索之卦也。

3.河圖與洛書的關係

　　河圖爲體，洛書爲用；

　　河圖主全，洛書主變：

　　方圓相藏，陰陽相抱，

　　相互爲用，不可分割。

　　河圖以五生數統五成數而同處於方，顯示其全以示人而道其常。從先天八卦配洛書可以推出，乾九與坤一，兌四與艮六；坎七與離三，震八與巽二；其爲天地定位、山澤通氣。河圖之數是萬物生存之數：天一生水，地六成之；地二生火，天七成之；天三生木，地八成之：地四生金，天九成之；天五生土，地十成之。一爲水之數，二爲火之數；三爲木之數，四爲金之數：五爲土之數，六爲水之數；七爲火之數，八爲木之數；九爲金之數，十爲土之數。坤一與坎六，巽二與坎七；離三與震八，兌四與乾九。爲河圖一六爲水、二七爲火、三八爲木、四九爲金。乾九艮六，震八坎七，河圖合十五爲純陽局；巽二離三，兌四坤一，河圖合五純陰局。

4.無極生太極，太極生兩儀，兩儀生四象，四象生八卦

　　老陽而乾、兌；少陰而離、震；老陰而艮、坤；少陽而巽、坎。四象中每一象各生出一陰一陽而八卦成。故之先天八卦由自然生法則而來，六十四卦也是如此。由六十四卦，三十二卦，十六卦、八卦、四象、兩儀、太極、無極。即小而無內，大而無外，大小無盡頭；八卦取三爻爲象，意在天、地、人三才的溝通。

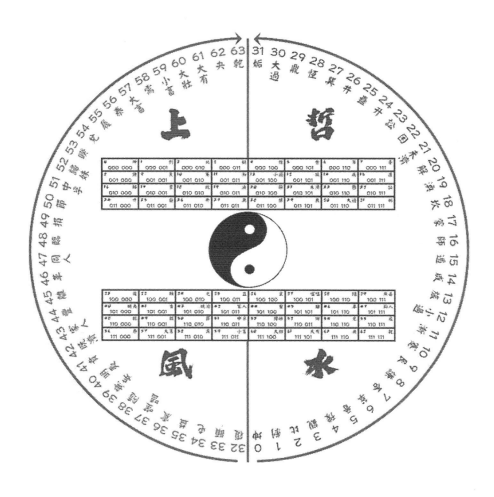

　　所有的三爻卦和六爻卦都是先天而成，而非後天的；先聖伏羲所畫的八卦圖，看是一個平面圖，它實際是立體的、多維的，是時間和空間的，更是變化的。後天八卦是由先天八卦的卦爻交媾而成；後天八卦也是用先天卦爻表現出來。先天卦表示無形的、原本的；後天卦表示有形的、最終的。先天卦與後天卦之方位不同，表示其物象本質之表裡有區別。

5.卦由先天之乾坤交媾才有後天八卦

　　先天乾與坤相交換中爻，而乾變離；坤成坎：後天離坎而居先天乾坤位。先天離與坎用離之上爻相交換坎的初爻，而離變震，坎變兌：後天震居先天離位，後天兌居先天坎；此即是四正一三七九相單爻而變成後天卦亦居四正位。先天巽卦，用中上爻與先天艮卦的中初爻相交；即先天巽變成後天坤卦，先天艮變成後天乾；先天兌卦，用上下爻與先天震卦的下上爻相交；即先兌卦變成後天巽卦，先天震卦而變成后艮卦。此即是四隅二四六八變爻而成後天八卦，而位居四隅。

　　乾為天為父位居西北，坤為地為母位居西南，震為長男位居東方，坎為中男位居北方，艮為少男位居東北，巽為長女位居東南，離為中女位居南方，兌為少女位居西方，這是天八卦的方位。所謂方位便是空間，春、夏、秋、冬四時，便是時間，有了空間和時間，便可推出歲序來。所謂方位就是空間地理，所謂時間就是元運。單爻相交雙爻相交，有中爻與中爻相交，上爻與下爻相交，有中上爻與中初爻相交，有上下爻與下上爻相交，有互交、對交，反交之別。其交媾後象變，位定而其數不變，集成後天八卦。洛書以九數而畫九宮，運用在於中五，先天之數，虛其中而八方對待，其數合九，井田之制。地理納八方之氣，而乘中央之氣，合上下四方也是為九，數始於一而終於九，五為九數之中數，所以不論體或用均為九，後人以九宮稱之。

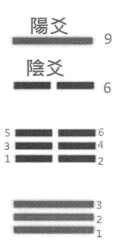

陽爻 ——— 9

陰爻 —— —— 6

為何陽爻為9?

陰中有陽,陽中有陰:6+3=9

孤陰不生 獨陽不長

上哲博士
綜錯交互變卦

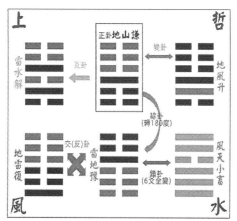

綜卦：將正卦旋轉180度

錯卦：將正卦的6爻全變(陰爻變陽爻，陽爻變陰爻)

交卦：又稱「反易」，將正卦的上下卦互換(內外卦互換)

互卦：取正卦的345爻為上卦，取正卦234爻為下卦

變卦：變卦即是正卦動爻(爻爻變)

上哲博士六十四卦錯綜圖

	18	17	16	15	14	13	12	11	10	9	8	7	6	5	4	3	2	1
					負	陰	抱	陽	沖	氣	為	和						
上經 十八卦	離	坎	大過	順	巽	剝	噬嗑	臨	隨	謙	同人	泰	小畜	師	需	屯	坤	乾
	離	坎	大過	順	无妄	剝	噬嗑	臨	隨	謙	同人	泰	小畜	師	需	屯	坤	乾
下經 十八卦	既濟	小過	中孚				豐											
	既濟	小過	中孚	渙	巽	豐	漸	震	革	困	萃	夬	損	寒	家人	晉	遯	咸
	36	35	34	33	32	31	30	29	28	27	26	25	24	23	22	21	20	19

上哲博士64卦產生

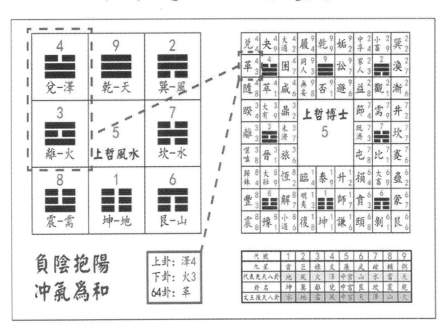

負陰抱陽
冲氣為和

上卦：澤4
下卦：火3
64卦：革

上哲博士六十四卦總表

上卦 下卦	乾 天	坎 水	艮 山	震 雷	巽 風	離 火	坤 地	兌 澤
乾 天	1 乾為天	5 水天需	26 山天大畜	34 雷天大壯	9 風天小畜	14 火天大有	11 地天泰	43 澤天夬
坎 水	6 天水訟	29 坎為水	4 山水蒙	40 雷水解	59 風水渙	64 火水未濟	7 地水師	47 澤水困
艮 山	33 天山遯	39 水山蹇	52 艮為山	62 雷山小過	53 風山漸	56 火山旅	15 地山謙	31 澤山咸
震 雷	25 天雷無妄	3 水雷屯	27 山雷頤	51 震為雷	42 風雷益	21 火雷噬嗑	24 地雷復	17 澤雷隨
巽 風	44 天風姤	48 水風井	18 山風蠱	32 雷風恆	57 巽為風	50 火風鼎	46 地風升	28 澤風大過
離 火	13 天火同人	63 水火既濟	22 山火賁	55 雷火豐	37 風火家人	30 離為火	36 地火明夷	49 澤火革
坤 地	12 天地否	8 水地比	23 山地剝	16 雷地豫	20 風地觀	35 火地晉	2 坤為地	45 澤地萃
兌 澤	10 天澤履	60 水澤節	41 山澤損	54 雷澤歸妹	61 風澤中孚	38 火澤睽	19 地澤臨	58 兌為澤

上哲博士風水周易卦序
左右對稱八階一次普通幻方

1組	小過 62 〈八六〉52	頤 27 〈六八〉31	坎 29 〈七九〉46	乾 1 〈九九〉1	坤 2 〈二二〉64	離 30 〈二二〉19	大過 28 〈四二〉34	中孚 61 〈二四〉13
2組	遯 33 〈九六〉49	屯 3 〈七八〉30	蒙 4 〈六七〉47	大壯 34 〈八九〉4	觀 20 〈二二〉61	革 49 〈二二〉18	鼎 50 〈二二〉35	臨 19 〈二二〉16
3組	艮 52 〈六六〉55	震 51 〈八八〉28	訟 6 〈九七〉41	需 5 〈七九〉6	晉 35 〈二二〉59	明夷 36 〈二二〉24	巽 57 〈二二〉37	兌 58 〈四二〉10
8組	蹇 39 〈七六〉54	無妄 25 〈九八〉25	解 40 〈八七〉44	大畜 26 〈六九〉7	萃 45 〈二二〉21	家人 37 〈二二〉40	升 46 〈二二〉58	睽 38 〈二四〉11
5組	履 10 〈九四〉9	井 48 〈七二〉38	賁 22 〈二二〉23	豫 16 〈八一〉60	小畜 9 〈二九〉5	困 47 〈二七〉42	噬嗑 21 〈三三〉27	謙 15 〈一六〉56
6組	歸妹 54 〈八四〉12	蠱 18 〈六六〉39	既濟 63 〈七七〉22	否 12 〈九九〉57	泰 11 〈二九〉8	未濟 64 〈二二〉43	隨 17 〈四二〉26	漸 53 〈二六〉53
7組	節 60 〈七四〉14	姤 44 〈九二〉33	豐 55 〈二二〉20	剝 23 〈四九〉63	夬 43 〈四九〉2	渙 59 〈二七〉45	復 24 〈二八〉32	旅 56 〈三二〉51
4組	損 41 〈六四〉15	恆 32 〈八一〉36	同人 13 〈二二〉17	比 8 〈七九〉62	大有 14 〈二九〉3	師 7 〈二七〉48	益 42 〈二二〉29	咸 31 〈四二〉50

1.陰陽卦分明,每象限四橫行四數（先天卦數）分別成幻和130

2.左右對稱成錯卦關係

3.四對卦序對卦必出現在同一橫行

4.半數斜綫左右各四條成幻和260

5.每一象限（16卦）有二左二右斜綫成幻和130

6.9876陽/1234陰,94382761排序下季

6.先天八卦變後天卦爻互動圖

　　後天卦象乾、坎、艮、震，是老父、中男、少男、長男、男係爲陽性卦、對應的先天是 9、7、6、8 爲陽數。後天卦象巽、離、坤、兌、爲長女、中女、老母、少女、是女族，爲陰性卦、對應的先天 2、3、1、4 爲陰數。6、7、8、9 爲陽數而 6、8 又爲陽中之陰數。1、2、3、4 雖爲陰數而 1、3 又爲陰中之陽數。故陽以相陰，陰以含陽，陽生於陰，柔生於剛。陰數 1、2、3、4 一片爲雌、陽數 9、8、7、6 一片爲雄；雌雄對應，陰一片陽一片。玄空六法中，正神與零神在八方之中各占四位，以五黃爲大金龍的所在宮位，依元運之上下、山澤八卦之陰陽和山水動靜雌雄之理將之分成兩組，此即「兩片」之說。即上元一片、下元一片；陰一片、陽一片；山一片、水一片。三元些子法是楊公地理精華所在，有些人把六十四卦東配西配，變來變去，說成是些子眞訣，以假亂眞。些子一變，陰不是陰，陽不是陽，陰可作陽，陽可作陰；山不是山，水不是水，山可作水，水可作山，變化多端。

　　訣云：

　　識得正神與零神，定叫山河換新裝；

　　玄機妙法掌手中，神州大地任我行。

先天八卦

乾一
兌二
離三
震四
巽五
坎六
艮七
坤八

老陽　少陽　少陰　老陰

後天八卦

離九
巽四
坤二
震三
兌七
艮八
坎一
乾六

正南　西南　正東　正西　東北　西北　正北

　　「四兩的房屋，千金的門樓」，這是在說明房屋外圍環境的重要，不能只靠房屋內部的環境就決定風水的好壞，所以房屋內外環境以外圍重於內部。風水學主要分為兩大流派，第一種形勢派和第二種理氣派，這兩大流派下又有很多派別：

　　1.形勢派：(1)巒頭派 (2)形象派。

　　2.理氣派：(1)玄空飛星 (2)紫白飛星 (3)三合派
　　　　　　　(4)金鎖玉關 (5)玄空六法 (6)三元納氣
　　　　　　　(7)玄空大卦 (8)乾坤國寶 (9)八宅
　　　　　　　(10)命理派 (11)奇門派。

台灣的風水派別很多是用玄空飛星，其他為玄空六法、八宅和三元納氣派為主。各派別都有其優缺點，能相互取其優點才是人們之福。以目前台灣的建築變化萬千，很難由單一派別一體適用全部，本書主要為玄空六法理論，希望能推廣給風水愛好者。

　　上哲博士言：
　　臨床醫學是一種不確定的科學風水也是。
　　臨床醫學是一種最可能的藝術風水也是。
　　臨床醫學是一種極慈悲的關懷。
　　風水是一種運勢的提升和困窘的改善。
　　醫學是建立在人道和藝術上的科學。
　　風水是建立在易經和藝術上的科學。

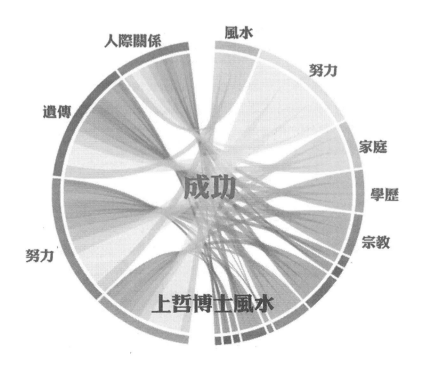

第一章　六法的歷史

　　玄空風水學派，即是章仲山、沈竹礽一派，其法以元運之數入中宮，分山、向兩盤，依陰陽順逆並按洛書九宮之循行路線排列九星之數，看坐山和向首所飛臨之星，再配合巒頭以論吉凶。此派之中是以數字在九宮中的情況來論，稱之爲玄空飛星派。

　　飛星派之外，還有將易經六十四卦卦理運用於風水堪輿中，依卦氣、卦運之生旺衰死等關係來論吉凶的「易經派」，以張心言爲代表人物，而一般也稱此派爲「玄空大卦派」。談養吾，江蘇武進人，生於清光緒十六年（1890 年）。十九歲時即在父親的指示下向楊九如學習飛星派玄空風水學，而楊九如乃章仲山的外戚後代子弟，故其玄空風水乃傳承自章仲山一派。

　　但談養吾（6 法的師祖）於 1929 年的夏天，在河南澠池縣遇見李虔虛道長，傳授給談氏另外一種不同的玄空風水理論，而談養吾認爲這才是眞正的玄空風水眞訣，以前所學的章氏一派並非眞正的玄空風水（大玄空），和易理完全相背，不是玄空眞旨。覺得之前所學是錯的，於 1930 在報紙上刊登啓事，公開承認自己過去所學的風水理論是錯的，並向購買他著作的讀者致歉，同時刊登招生啓事，以函授的方式開始教授這一套不同以往的玄空 6 法理論，也著手撰寫「玄空本義」並重新注解地理辨證中的各篇經文。談師著有《談氏三元地理大玄空路透》、《談氏三元地理大玄空實驗》、《濟世淺言》、《天星選吉法》（未見出版）、天星圖、中國觀象地儀（圖）、《地理辨正談氏新解》、《打開一條生路》、《大玄空六法本義—談養吾全集》等。

上哲博士
玄空六法實務解析眞訣

六法之名最早於劉傑于清同治八年（1869年）所著之《地理小補》書中就已出現「六法」一詞，其所謂六法者，是將地理辨證中的天玉、青囊、都天寶照等經文的內容，經過分類和歸納，總結爲六個點：**玄空、金龍、雌雄、挨星、城門、太歲**。玄空爲人和物的象形，大金龍爲人的氣神，雌雄爲男女性別，挨星爲所產生的子息，城門爲雌雄的門戶，太歲爲人的造化

1.**玄空**：就是推出六法的方法，包括兩儀、四象、八卦、二十四山、六十四卦等之取用。

2.**金龍**：依先天運將運星入中陰逆陽順飛，看五黃在何處，那一組就是零神。目前爲八運六七八九爲零神方要開門放水和來路。五黃在紫白飛星很看重，五黃在六法更是重要。

3.**雄雌**：是山水、是虛實，要配大金龍看旺衰，再配挨星看格局好壞。

4.**挨星**：將先天八卦顛倒和本來的先天八卦，作抽爻換象所得的卦象結果，爲二十四山內含之卦氣，可用坤壬乙訣來挨排，決定山和水的關鍵。挨星乃指九星，即貪狼、巨門、祿存、文曲、廉貞、武曲、破軍、左輔、右弼等。談師玄空六法的挨星法則是根據先天八卦抽爻換象之卦理推演而來。玄空六法用二十四山，所以要先求出二十四山經抽爻換象之後各配以何卦。例如目前九運，大金龍在北坎方，所以東北、西北、西方、南方爲正神方，此處有山爲吉；北方、西南、東方、東南爲零神方，此處有水、有動氣口爲吉。金龍零正之法，是判斷吉凶的大原則，符合此原則之格局，必能趨吉避凶。

5.**城門**：玄空六法中解釋城門訣，首先要認清何謂城門。古代的城市，四周圍有高大的城牆圍住，於東西南北方各設城門作爲行人車馬進出之所，高大的城牆四面八方圍住，將此區域的氣聚集在一起，只有城門乃爲氣息出入、動氣、通氣之所在。請小心六法所稱的城門和玄空飛星的城門訣不同！

6.**太歲**：運用太歲和紫白飛星，是依時來應事。

《青囊奧語》：坤壬乙巨門從頭出，艮丙辛位位是破軍；辰巽亥盡是武曲位，甲癸申貪狼一路行

坤壬乙——巨門就認爲坤壬乙方要配上巨門，甲寅癸——貪狼就認爲甲寅癸申方要配上貪狼，其實青囊奧語其深意就隱藏在從頭出、位位是和盡是、一路行這幾個詞語當中，這些才是重點。

坤壬乙巨門從頭出，艮丙辛位位是破軍，位位是是直接指名艮丙辛三個方位的挨星都是破軍，但是除了艮丙辛還有「戌」方也是破軍，但是之所以只提艮丙辛，是因爲這三個方位還有特殊的角度關係——三合。在二十四山中，凡相隔八位（120 度）者就構成了三合的關係。破軍也代表七運，依零正法則，艮丙辛（戌）皆爲正神方，當配以山，而根據山水取用法則，挨星爲破軍，代表七運上若該方位屬於高山則會發旺。

坤壬乙對宮就是艮丙辛，從頭出即對面之意，而坤壬乙就是位於艮丙辛的對面。艮丙辛是在指正神與山，而坤壬乙位於正神的對面，所以可以理解爲講零神與水。巨門也代表二運，二運時坤壬乙均爲零神方，要有水。而坤壬乙的挨星均爲左輔，依山水取用法則，挨星左輔，代表該方位上若有水或者屬來路，則會在二運時發旺。故「坤壬乙巨門從頭出」是以二運爲例，說明零神與水的用法，並和艮丙辛位位是破軍相對而成一組。

辰巽亥盡是武曲位，武曲指六運，大金龍在後天乾方，乾方爲零神，對宮後天巽卦方爲正神。辰巽即指後天巽卦方，六運時爲正神，配以高山實地可以發旺。亥指後天乾卦方，六運時爲零神，有水最佳，此處是就大範圍的金龍零正而言。

甲寅癸貪狼一路行，甲寅癸挨星都是祿存，一路之意就是指相通，在易經卦理中，洛書九數有所謂相通的概念，即一三相通、二四相通、六八相通、七九相通。貪狼爲數爲一，祿存數爲三，故貪狼與祿存爲一三相通。而且二十四山挨星之貪狼與祿存均在同一卦宮之中，其必同時爲正神或同時爲零神。再以元運而言，貪狼一運，祿存三運，同屬上元運，而所謂從貪狼一路相通到祿存，就是能從一運延續到三運的意思。

第二章　兩元八運與三元九運

　　元運之說，玄空飛星和大部分風水派別是用三元九運，即上中下三元，一元六十年，一元中又分三運，每運二十年。而談氏六法和玄空大卦則用兩元八運，元分上下兩元，上元包含1234運，下元則是6789運。

一、三元九運（天運）

　　在三元九運的理論中，因爲每運都是二十年。三運九運的原理應與天上星辰的運行周期有關。有些研究者則指出每二十年換運的原理應和土木二星交會的周期有關因爲土木二星各自以不同的周期繞著太陽運行，恰好也是每二十年交會一次。所以從第一次七政齊一之後，經過二十年，土木二星再度相逢，而元運也同時改換，之後每二十年土木二星交會而同時也更換一個運數。

　　三元九運的理論是一種與星球的運行時間上的推移有密切關係的元運推算法則，又稱爲天心正運或簡稱天運」。元運之說，飛星派和大卦派都是用三元九運，即上中下三元，一元六十年，一元中又分三運，每運二十年。

　　三元九運（天運）：

　　一運：1964 年至 1983 年，共 20 年。

　　二運：1984 年至 1903 年，共 20 年。

　　三運：1904 年至 1923 年，共 20 年。

　　四運：1924 年至 1943 年，共 20 年。

　　五運：1944 年至 1963 年，共 20 年。

　　六運：1964 年至 1983 年，共 20 年。

七運：1984年至2003年，共20年。
八運：2004年至2023年，共20年。
九運：2024年至2043年，共20年。

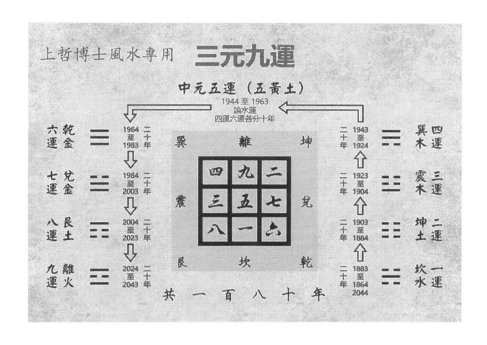

二、二元八運（地運）

玄空地運：元運之正運有八，合陰陽二片；「上元」一片九十年，「下元」一片九十年；合計爲一百八十年。八個運分成一二三四運爲一組，屬於上元，六七八九運爲一組，屬於下元，如此則各運均有相對應之卦與之相配。而各運的年數，就不是固定的二十年了，而是根據各運所配之卦，其陰陽爻的多寡來計算的，陰爻以6年計，陽爻以9年計。玄空六法採用二元八運。

（1）後天坎一運，先天坤，爲三陰爻·18年。一運共18年。

（2）後天坤二運，先天巽，爲二陽爻一陰爻，24 年；二運共 24 年。

（3）後天震三運，先天離，爲二陽爻一陰爻，24 年；三運共 24 年。

（4）後天巽四運，先天兌，爲二陽爻一陰爻，24 年；四運共 24 年。

（5）後天乾六運，先天艮，爲二陰爻一陽爻，21 年；六運共 21 年。

（6）後天兌七運，先天坎，爲二陰爻一陽爻，21 年；七運共 21 年。

（7）後天艮八運，先天震，爲二陰爻一陽爻，21 年；八運共 21 年。

（8）後天離九運，先天乾，爲三陽爻，27 年；九運共 27 年。

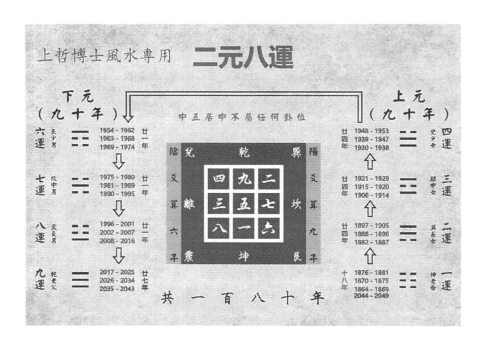

第三章　雌雄要交媾，陰陽要交流

有形的稱「雌雄」；無形的稱「陰陽」。

一、有形者稱為雌雄

　　楊公看雌雄者，看有形的山水，與辨別無形陰陽的氣。雌雄也稱陰陽。雌雄是有形的物質；陰陽是無形的氣。雌雄是有形之物，所以看風水時首先要能分辨出何處是雌，何處是雄；何處是山，何處是雄水。

　　（1）鄉間自然的地形環境中，有高山峻嶺，有江河溪水的情況，山是靜的所以屬於雌，水是動的所以屬於雄。

　　（2）在都市、城鎮之中，平原之地，沒有高山，以建築物是固定不動的，是實的，是靜物，像是山，所以屬於雌。以馬路人車往來頻繁，帶動氣流流動的為動氣之所在，像是河流，所以屬於雄。另外住宅看重的是大門、路口等動氣之所在，是否位於零神方？是否房屋能納旺氣。

　　（3）住宅室內雌雄之動靜區別：基本上就是空與實的區別實，我們可以把它當作山來看待；空，則可以視為水來論。例如櫥櫃、書櫃、桌椅、高大的器物所在之處，或是封閉的角落、堆滿物品的地方，都可以視為靜屬陰屬雌屬山。而大門、房門、走道、樓梯和電梯等人經常走動往來的地方，或是開窗之處、空曠的地方等比較通風，氣流流通處可以視為動屬陽屬雄屬水。

（4）山：高山、高樓大廈、高大的人造設施、地勢較高之處、室內的櫥櫃、書櫃、桌椅、封閉的場所、堆滿物品的地點的等，都可以視為廣義的山，其靜、屬陰、屬雌。

（5）水：江河、溪流、溝渠、街道、巷弄、水口、道路交的路口、地勢較低之處、建築物出入的大門、室內的通道、走廊、電梯口、開窗之處、空曠的場所、人較常走動的位置等等，都可以視為廣義的水，其屬動、屬陽、屬雄。

二、無形的陰陽

所謂無形者，是指氣。氣有分陰陽，陰陽之氣肉眼看不見。談師言：形勢理氣各有雌雄也，眼睛所見之雌雄，與眼睛所不見之雌雄，須兩兩相配也。兩兩相配，則陽能用陰而成，陰能助陽而昌。就是在強調有形與無形之雌雄都須相交配。

張心言地理辯證疏——辨陰陽交媾

天地之道，不過一陰陽交媾而已。天地有一大交媾，萬物各有一交媾，變變化化，施之無窮，論之微妙，莫可端倪，而實有其端倪，故曰元牝之門，是為天地根。地理之道，若確見雌雄交媾之處，則千卷《青囊》，皆可附之祖龍矣。斯理甚祕，而實在眼前，若一指明，觸目可觀，然斷不從五行生旺墓上討消也。《玉尺》乃曰：「有乙辛丁癸之婦，配甲庚丙壬之夫。」又曰：「陰遇陽而非其類，號曰陽差；陽見陰而非其偶，名曰陰錯。」仍取必於乙丙之墓戌，辛壬之墓辰，丁庚之墓醜，癸甲之墓未，此真三家村學究之見也。夫陰陽交媾，自然而然，不由勉強，亦活潑潑地不拘一方，豈可以方位板格死殺排算乎！即以天地之交媾者，言天氣一降，地氣一升，而雨澤斯沛矣，子能預定天地之交於何方？合於何日？更以男女之交媾者言，陽精外泄，陰血內抱，而胎元斯孕矣，子能預擬胎

孕之法而成何時？何時而結乎？知天地男女之不可矯揉造作，
則知地理之所謂天根月窟，亦猶是矣。此惟楊公《都天寶照》
言之鑿鑿，不啻金針暗度。餘因《玉尺》之謬而偶泄於此，具
神識者，精神而冥悟之，或有鬼神之告也。

　　就是說天地之間的道理，不過是一陰陽交媾罷了，交媾就
是交配。天和地有一大交媾，萬物也各自有交媾，變變化化，
施之無窮，談之微妙，萬化萬千。
　　以男女的交媾來說，陽精外泄，陰血內抱，而胎元才開始
孕育，你能預先擬胎孕之法而成於何時？何時而結嗎？如果知
道天地、男女的交媾不可矯揉造作，就可知道地理學上所講的
天根和月窟，也是一樣的。

第四章　房屋的朝向和房屋的中心點

一、門向即是房屋的朝向

　　如果按照前面所說的山水分類法來看正前方大門的位置，就可以歸類爲水；而後方封閉爲實、爲靜可以歸類爲山。再依照山配正神方，水配零神方的規則來安排坐向，所以房屋要「坐正向零」。房屋的正面，大門的方位要在零神方，房屋的背面要在正神方，這樣才是好的旺丁旺財局。

　　現代的房屋坐向就複雜多了，大致可以區分爲二種類型：

1.透天房和別墅

　　此類房子最好認坐向，其大門大多數開在建築物的正面，大門的那一面就是「向」；房子的背面那一方就是「坐」。其正面與背面的差異和三合院式的房子類似，其正面比較壯觀，窗戶和門也會開的比較大，光線比較明亮，空氣的流通也比較好而背面比較簡單，有的房子會有後門，但是比較小一點，背面相較是比較封閉。

2.公寓大樓

　　這類型的建築物，通常在外觀上每一面的造型和開窗都差不多，故很難去區分出那一面是正面，那一面是背面。台灣和香港風水師此項看法有不同，台灣風水師都是以向光面大且是臨大馬路爲向（通常是陽台落地窗），但香港風水師是以眞的房子出入大門爲向。這房子的朝向對於玄空飛星派很重要，玄空飛星看重房子的朝向和房子何時建造的，但玄空六法主重來

上哲博士
玄空六法實務解析真訣　　　　32

路，不用管房屋的建照時間，若判斷房屋坐向有爭議和困難時，六法也不會掉入這爭議中，因此六法很適合用在現在大樓公寓式的房子上。

　　古式陽宅，以大門為納氣口，其氣納最足，故可以共大門為向。現代之陽宅即立極複雜，各間有各間納氣，各層有各層納氣之不同，不論宅之坐向，專論「納氣方位」正不正確，與坐向無關。所以依玄空六法的理論，房屋的坐向不是判斷吉凶的重點，納氣口位在何方才是吉凶的關鍵。一般陽宅大門是最大最主要的納氣口，所以大門必須開在零神方。整棟建築就形成「坐正向零」的格局，其納氣口大門即可納得零神方的旺氣。所以陽宅之重點不在於房子的坐向，而是大門和來路這納氣口是否配置在零神方。所調整納氣口並非只有門路而已，窗戶也應算是納氣之口。其窗大小和開啟時間長短，與納氣上有絕對的關係。

二、房屋中心點判斷法則

　　房屋中心點的確認很重要，就是我們判斷方位的立極點。房屋若有不規則凹凸的部分，凸出部分沒有超過整個邊長一半時，可將此部分面積去除不論，若超過邊長一半，則須將凸出部分的兩側或一側用虛線畫滿，然後再來確定房屋的中心點。下面的房屋平面圖，舉幾個例子來幫助讀者了解。

上哲博士房屋中心點準則

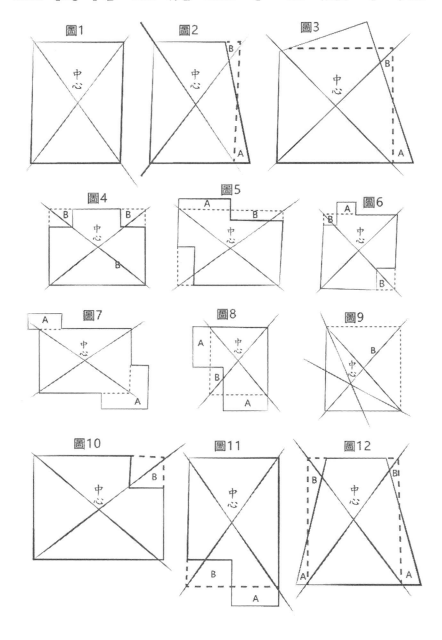

第五章　山運與水運

　　談養吾的玄空六法中，很特別地提出「山運」和「水運」分開的理論，但**他的計算方式和「元運發微」完全相反**。談師的山運水運排法，是根據易經卦理，配合玄空理論的山水兩片之說，以及先後天形氣相合的原理所推導出來的。山有山的運程，水有水的運程，各自分開來走。所以在某一年的時候，山的運程已進入九運，可是對水而言卻仍在走八運，此時就不能只用九運之規則來一體論斷山水之吉凶。例如某方位有山，此山那一年開始論吉，那一年開始論凶，就要根據山運的時間法則來推算。玄空六法山運和水運是分開來算的，有可能山運已進入九運，而水運仍在八運；此時應以九運論山，以八運論水。所以山運和水運是不同的時間流程。當我們要精確判斷山水的吉凶影響是從那一年開始，那一年結束，就須分別用山運水運的規則去推算。

山運各元運取用表

2元8運	一運	二運	三運	四運	六運	七運	八運	九運
最佳挨星	子卯巳未	寅午酉戌	癸甲巽申	丁庚乾寅	子卯辰戌	艮丙辛戌	壬乙坤辰	丑午酉亥
次佳挨星	癸甲巽申	丁庚乾	子卯巳未	寅午酉戌	壬乙坤	丑午酉亥	子卯申辰	艮丙辛戌

第六章　大金龍與零神正神

　　談氏玄空六法以五黃爲大金龍，在不同的運中，大金龍的位置也不一樣，其推算之法是先以運數入中宮，然後分陰陽，**1379 運爲奇數爲陽**，**2468 運爲偶數爲陰，陽則順飛，陰則逆飛。**

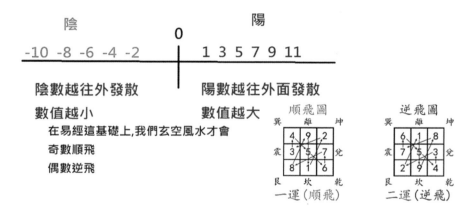

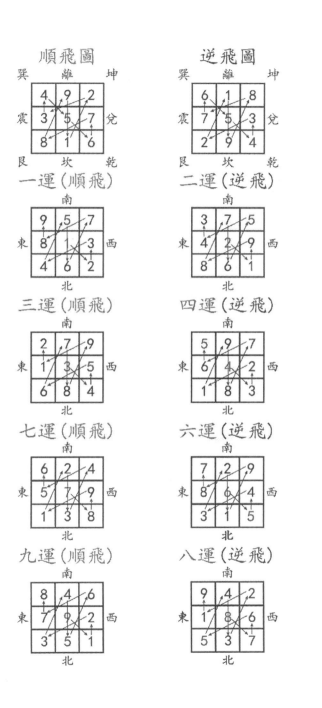

順飛圖　　　　　逆飛圖

巽　離　坤　　　巽　離　坤
震　　　　兌　　　震　　　　兌
艮　坎　乾　　　艮　坎　乾

一運(順飛)　　　二運(逆飛)
南　　　　　　南
東　　　　西　　東　　　　西
北　　　　　　北

三運(順飛)　　　四運(逆飛)
南　　　　　　南
東　　　　西　　東　　　　西
北　　　　　　北

七運(順飛)　　　六運(逆飛)
南　　　　　　南
東　　　　西　　東　　　　西
北　　　　　　北

九運(順飛)　　　八運(逆飛)
南　　　　　　南
東　　　　西　　東　　　　西
北　　　　　　北

上哲博士九運順逆飛圖

第六章　大金龍與零神正神

37

找出大金龍的位置，目的是爲了判斷該運中何處爲動氣之方位，則在此方位上開門引路納氣，或配置水口、路口等動氣之型態，可以旺財。談師的玄空六法中，正神與零神在八方之中各占四位，其理是以五黃大金龍的所在宮爲准，然後按元運之上下、八卦之陰陽、以及山水動靜雌雄之理將之分成兩組，此即「兩片」之說，所謂上元一片、下元一片，陰一片、陽一片，山一片、水一片均爲此道理。**元運上 1、3、6、8 運的零神方在 6、7、8、9 位，2、4、7、9 運的零神在 1、2、3、4。**

一運（順飛）

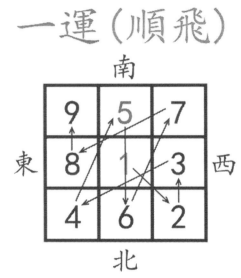

一運（奇數）大金龍在離宮，離宮爲 9 與運合 10。

　　1.一運時，**大金龍在先天乾宮（後天的離宮）**。所以乾宮爲零神，乾的對面坤宮即爲正神。

　　2.陰卦一組，陽卦一組。乾、震、坎、艮爲陽卦，乃老父領長男、中男、少男爲一組。坤、巽、離、兌爲陰卦，乃老母率長女、中女、少女爲一組。

3.因爲乾爲零神，所以與乾同在一組的震、坎、艮三卦也同樣是零神。因爲坤爲正神，所以與坤同在一組的巽、離、兌三卦也同樣是正神；如此就得出了四個正神和四個零神。

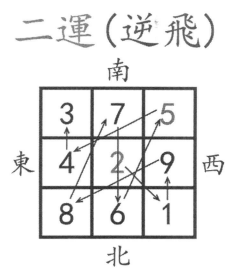

二運（逆飛）

南

3	7	5
4	2	9
8	6	1

東　　　　西

北

二運（偶數）大金龍在坤宮，坤宮爲 2 與運同。

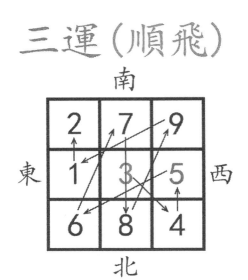

三運(順飛)

三運(奇數)大金龍在兌宮,兌宮為7與運合10。

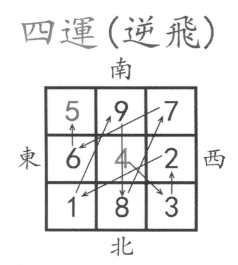

四運(逆飛)

四運(偶數)大金龍在巽宮,巽宮為4與運同。

六運（逆飛）

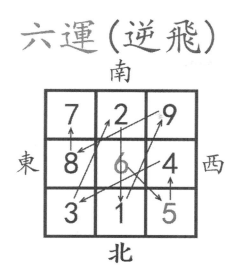

六運（偶數）大金龍在乾宮，乾宮為6與運同。

七運（順飛）

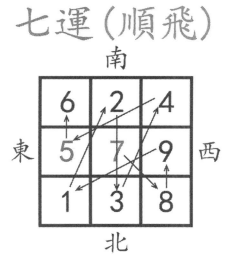

七運（奇數）大金龍在震宮，震宮為3與運合10。

八運（逆飛）

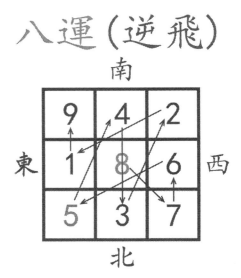

八運（偶數）大金龍在艮宮，艮宮為 8 與運同。

九運（順飛）

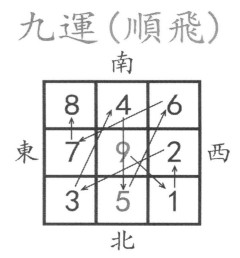

九運（奇數）大金龍在坎宮，坎宮為 1 與運合 10。

結論：

零神方：
先天乾卦爲後天離宮（南方），洛書數爲九。
先天震卦爲後天艮宮（東北方），洛書數爲八。
先天坎卦爲後天兌宮（西方），洛書數爲七。
先天艮卦爲後天乾宮（西北方），洛書數爲六。

正神方：
先天坤卦爲後天坎宮（北方），洛書數爲一。
先天巽卦爲後天坤宮（西南方），洛書數爲二。
先天離卦爲侵天震宮（東方），洛書數爲三。
先天兌卦爲後天巽宮（東南方），洛書數爲四。

　　1.當一、二、三、四宮爲正神時，六、七、八、九宮必爲零神。當一、二、三、四宮爲零神時，六、七、八、九宮必爲正神。亦即一、二、三、四爲一組，六、七、八、九爲一組。

　　2.一、二、三、四宮必定同爲正神或同爲零神；六、七、八、九宮也必定同爲正神或同爲零神。

　　3.一運、三運、六運、八運的零正神分佈情況完全相同，二運、四運、七運、九運零正分佈情形也一樣。依易經卦理來看，恰好符合一三相通、六八相通、二四相通、七九相通的通卦原理。也符合河圖一六共宗、二七同道、三八爲朋、四九爲友的生成數原理。若一運能夠發旺，則三運、六運、八運時也同樣會發。若二運能夠發旺，則四運、七運、九運時也同樣會發。這都是因爲它們的零正分佈情況完全相同的緣故。

上哲博士六法零神正神簡圖

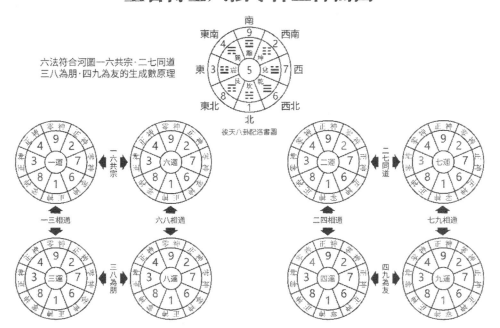

六法符合河圖一六共宗‧二七同道
三八為朋‧四九為友的生成數原理

一運至九運運六法詳圖
一三六八運圖

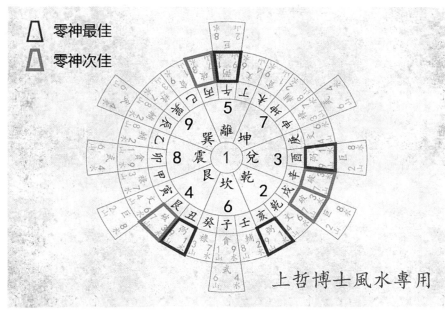

上哲博士風水專用

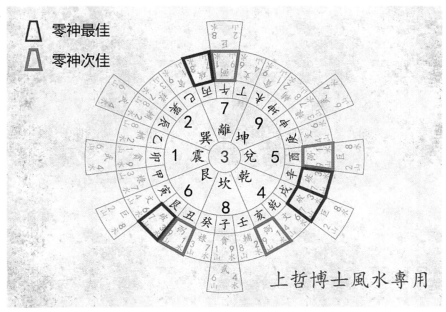

上哲博士風水專用

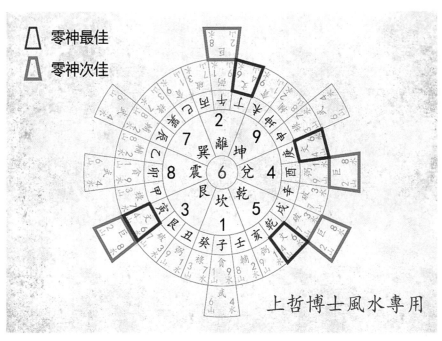

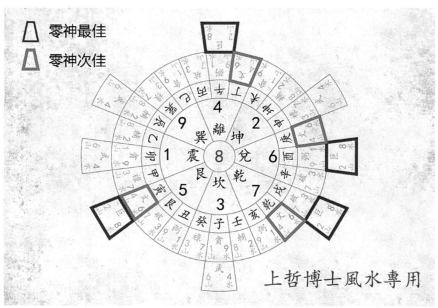

二四七九運圖

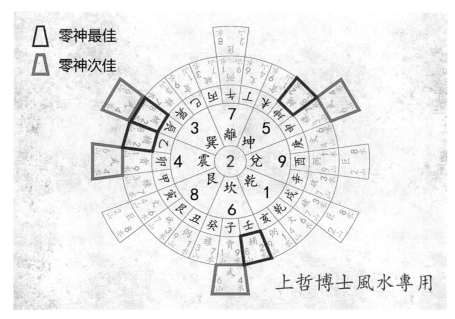

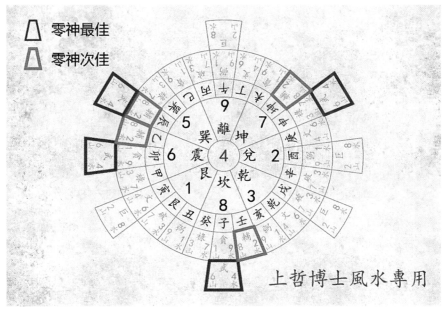

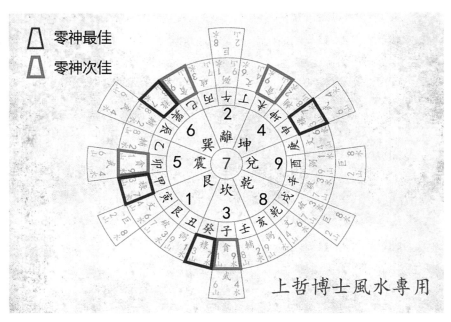

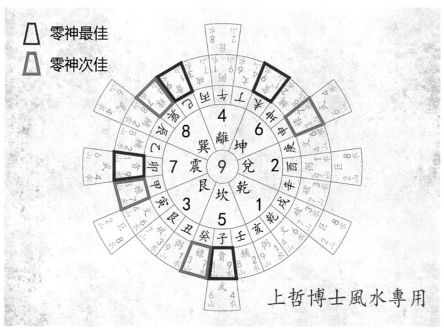

第七章 大小金龍和埃星

一、二十四山所屬之挨星卦氣

　　（1）子、卯、未、巳山為「坎」卦氣。山發一運為九運金龍挨星。

　　（2）寅、午、戌、酉山為「坤」卦氣。山發二運為八運金龍挨星。

　　（3）甲、癸、申、巽山為「震」卦氣。山發三運為七運金龍挨星。

　　（4）庚、丁、寅、乾山為「巽」卦氣。山發四運為六運金龍挨星。。

　　（5）申、子、辰、卯山為「乾」卦氣。山發六運為四運金龍挨星。

　　（6）艮、丙、辛、戌山為「兌」卦氣。山發七運為三運金龍挨星。

　　（7）坤、壬、乙、辰山為「艮」卦氣。山發八運為二運金龍挨星。

　　（8）卯、酉、丑、亥山為「離」卦氣。山發九運為一運金龍挨星。

　　玄空六法挨星，就是透過先天卦陰陽相對之抽爻換象，將抽得九星分布在各卦二十四個方位上，再看其生旺之星在何方位，衰死之星在何方位，依此判斷龍向山水之吉凶與禍福。先天八卦彼此交媾經抽爻換象生出子息卦配于 24 山。接下來則是生出子息卦配九星，這是將後天卦九星順序與洛書九宮結合起來所得到的結果。二十四山先經「爻變」求得「配卦」，再依「卦配星」原理求得「挨星」。

二、五黃為「大金龍」的位置

一運為坎，一為奇數入中順飛，五黃到離。二運為坤，二為偶數入中逆飛，五黃到坤。三運為震，三為奇數入中順飛，五黃到兌。四運為巽，四為偶數入中逆飛，五黃到巽。六運為乾，六為偶數入中逆飛，五黃到乾。七運為兌，七為奇數入中順飛，五黃到震。八運為艮，八為偶數入中逆飛，五黃到艮。九運為離，九為奇數入中順飛，五黃到坎。

三、「小金龍」乃以「後天」之卦，回到「先天」卦位，即後天卦位回歸先天再對應於後天卦位

所以
一運乃後天坎，在先天卦為兌，故「兌」為小金龍。
二運乃後天坤，在先天卦為坎，故「坎」為小金龍。
三運乃後天震，在先天卦為艮，故「艮」為小金龍。
四運乃後天巽，在先天卦為坤，故「坤」為小金龍。
六運乃後天乾，在先天卦為離，故「離」為小金龍。
七運乃後天兌，在先天卦為巽，故「巽」為小金龍。
八運乃後天艮，在先天卦為乾，故「乾」為小金龍。
九運乃後天離，在先天卦為震，故「震」為小金龍。

總而言之
一運「大金龍在離」，兌為小金龍，乾艮同為零神。
二運「大金龍在坤」，坎為小金龍，震巽同為零神。
三運「大金龍在兌」，艮為小金龍，乾離同為零神。
四運「大金龍在巽」，坤為小金龍，震坎同為零神。
六運「大金龍在乾」，離為小金龍，兌艮同為零神。

七運「大金龍在震」，巽爲小金龍，坤坎同爲零神。
八運「大金龍在艮」，乾爲小金龍，兌離同爲零神。
九運「大金龍在坎」，震爲小金龍，坤巽同爲零神。

　　以九運而言，五黃大金龍在「後天坎宮」，故與「坎宮」同一組的「艮、乾、兌、離」均爲「正神」；以其相對的「坎、坤、巽、震」則「零神」。零神方：均宜空、宜水、宜明、宜動；所以環境四周其缺口處爲動，和有水可以旺財。相同道理，北方坎一宮、西南坤二宮、東方震三宮、東南巽四宮，此四個方位爲零神方。宜亮、宜水、宜陽，宜動。因此山水合「零正」之法，即正神正位裝，撥水入零堂。

張心言地理辯證疏

時師不識挨星學，只作天心摸

東邊財穀引歸西，北到南方推

老龍終日臥山中，何償不易逢

止是自家眼不的，亂把山岡覓

第八章　抽爻換象

　　乾坤兩卦即為父母，一陰一陽，彼此相交，如此陰陽相交而得出其他六卦，故曰父母生六子而成八卦。而乾坤兩卦陰陽爻互相交替的過程，就是抽爻換象之基本原理。爻換象之原理依序變動其下爻、中爻、上爻，變動之後所得到的三個卦，就配在該先天卦所管的位置上，例如乾卦（先天前後天離卦）有3個山（丙午丁），至於哪一卦該配哪一山，其規則是，下爻變動所得之卦，就排在人元龍上，中爻變動所得之卦，就排在天元龍，上爻變動所得之卦，就排在地元龍。

玄空風水分為
地元龍-天元龍-人元龍

子午卯酉，乾坤艮巽為南北八神天元卦
甲庚丙壬，辰戌丑未為江東八神地元卦
乙辛丁癸，寅申巳亥為江西八神人元卦

在先天八卦抽爻換象的過程中，還有「主爻」一變，全卦三爻皆變。八卦之中，每卦有三爻，其中有一爻被稱爲「主爻」，乾坤兩卦，三爻都同爲陰爻或同爲陽爻，此時就以中爻當作主爻。其餘六卦，必定是二陰爻一陽爻或是二陽爻一陰爻的情況，此時就以較少的那一爻當作主爻。抽爻換象進行時，如果主爻有所變動，那麼除了單獨變主爻所得到的卦之外，還要將原始的卦三爻全變，陰陽全部變成相反來得到另一個卦。

上哲博士抽爻換象

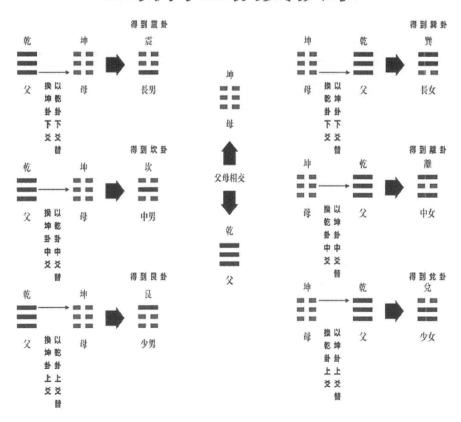

第九章　三般卦

　　先天八卦彼此陰陽相對，形成天地定位、雷風相薄、山澤通氣、水火不相射四種對卦組合，但因爲父母老而退休，所以去掉乾坤天地定位這一組合，剩下的雷風、山澤、水火就是所謂的三般卦了。

　　孟仲季乃古時排列長幼或先後次序的代稱，孟爲長，仲居次，季第三。如果以卦象來區分，則震巽卦是長男長女，可對應長房——孟，坎離是中男中女，可對應中房——仲，艮兌爲少男少女，就對應幼房——季。左長右幼中仲，爲中國文化倫理長序上通俗之理，如以孟仲季論一至九，則一四七屬孟，二五八屬仲，三六九屬季，有條不紊，用之於形勢上，分辨孟仲季之輕重得失，確爲至理。

乾坤巽震三般卦

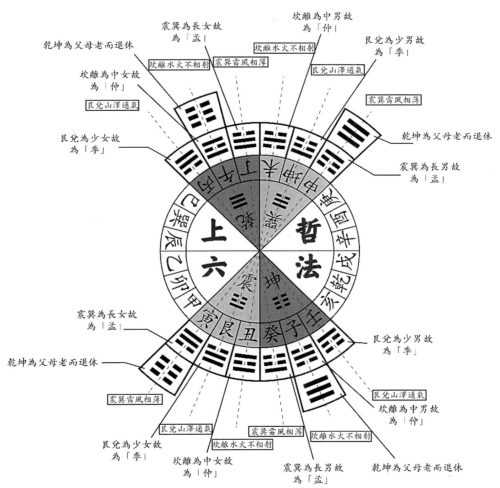

坎離艮兌三般卦

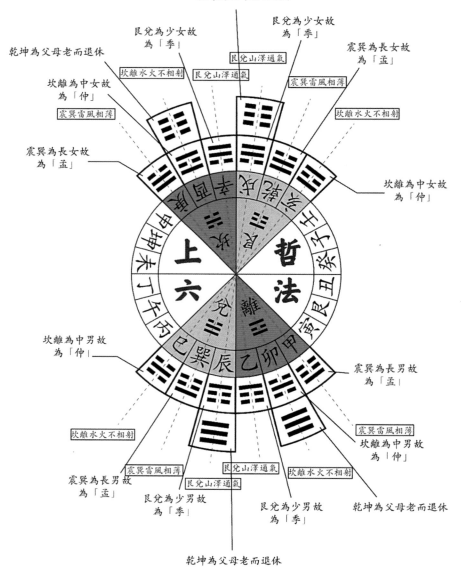

江東卦、江西卦和南北卦，天玉經中說：江東一卦從來
吉，八神四個一，江西一卦排龍位，八神四個二，南北八神共
一卦，端的應無差。這裡的江東、江西、南北卦等名詞，其實
就是「三般卦」的另外一種稱呼。八神四個一即一共有四個
1*4=4，四是指巽卦，也就是指巽震雷風相薄一組，所以江東
卦指震巽，八神四個二，即二有四個，2*4=8，八屬艮卦，指
山澤通氣一組，所以江西卦指艮兌。南北八神共一卦即坎一離
九，一南一北，所以南北卦就是指坎離。而乾坤爲父母卦。檢
視一下二十四山抽爻換象圖，就會發現，先天八卦八個宮位
中，每一個宮位都含有江東、江西、及南北父母卦。

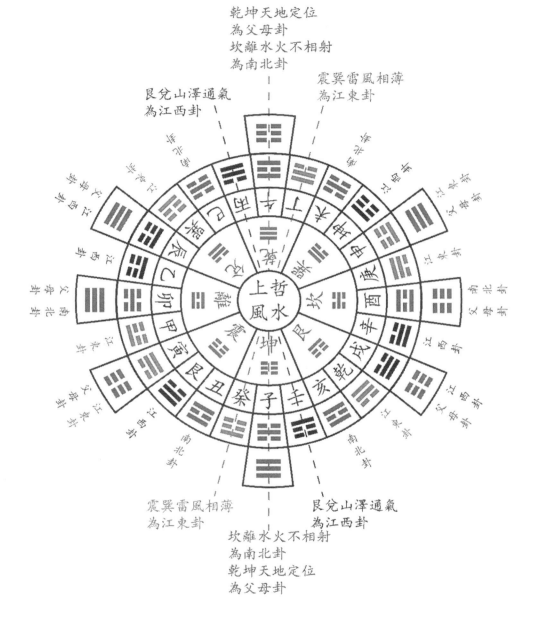

乾坤天地定位
為父母卦
坎離水火不相射
為南北卦

震巽雷風相薄
為江東卦

艮兌山澤通氣
為江西卦

震巽雷風相薄
為江東卦

艮兌山澤通氣
為江西卦

坎離水火不相射
為南北卦
乾坤天地定位
為父母卦

江東、江西、南北父母卦的意義和應用，就是基本的零正與山水的配合，陰陽相合，雌雄交媾的大原則來檢視二十四山的吉凶。所以在上元的時候，應該有江東卦之山、江西卦之水才吉利。在下元的時候，應該有江東卦之水、江西卦之山才吉利。不論上元或下元，都可以取南北父母卦的山和水。玄空本義以「雷風卦爲江東卦」「山澤卦爲江西卦」、「水火卦爲南北卦」。江東江西卦以辰戌爲界、分屬上下兩元。而南北卦，乃以丑未爲界，運跨上下兩元，故於上下元皆可用之，亦發運最爲長久。

張心言地理辯證疏──更看父母下三吉，三般卦第一

　　三吉，即父母與子息，然又有先天之吉，有後天之吉，合先天後天與本官，亦名三吉，合先後二天與本官之子息共六位。三吉，即一元三吉，上元一二三，中元四五六，下元七八九也，要從玄空起父母之中收得三吉之氣。談師言父母下者，乃父母卦以下之卦也。父母卦，而每運之父母，只有一卦，其餘三卦，即三吉卦也。三吉即子息卦，而子息卦中，當取三般卦中爲第一；如不在三般卦內之子息卦，則不可用矣。每運父母卦之一卦，除父母卦外之三吉卦，即一運之卯酉巳是指亥未丑三卦，二運之戌辰午子酉卯三卦，雖爲子息，仍在三般卦內，仍可下行到穴。

　　就是說不論山向水都應先看父母卦和天地卦，若能於三般卦內，純一不雜就是三吉，爲玄空學中的第一要訣。

天玉經──識得父母三般卦，便是眞神路，北斗七星去打劫離宮要相合

　　七星打劫之法，蔣大鴻謂三般卦之精髓，最上一乘之作用。打劫二字，屬先拿來借用，沒得到旺運而先拿來用之，即打劫之意。欲明此中原理，務必明白父母三般卦之眞神路，即

能使用打劫法，否則欲先收遠離之氣運，以救當前的衰運。七星打劫六法不用但玄空飛星是重點，後人對於七星打劫也有多種解釋和不同看法，後學我只針對其中一種解釋去呈現：坎宮打劫和離宮打劫。

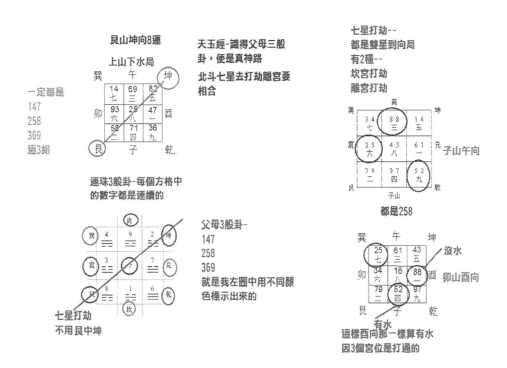

艮山坤向8運
上山下水局

一定都是
147
258
369
這3組

天玉經-識得父母三般卦，便是真神路
北斗七星去打劫離宮要相合

連珠3般卦-每個方格中的數字都是連續的

父母3般卦-
147
258
369
就是我左圖中用不同顏色標示出來的

七星打劫
不用艮中坤

七星打劫--
都是雙星到向局
有2種--
坎宮打劫
離宮打劫

子山午向

都是258

子山

卯山酉向

沒水

有水

這樣酉向那一樣算有水
因3個宮位是打通的

第十章　二十四山挨九星

　　所謂九星是貪狼、巨門、祿存、文曲、廉貞、武曲、破軍、左輔、右弼這九顆星，它們也是構成北斗七星的星辰之名，一般所稱的北斗七星之名是北斗七星是：一天樞、二天璇、三天璣、四天權、五玉衡、六開陽、七瑤光，它們與貪狼諸星的對應是：

天樞－1.貪狼
天璇－2.巨門
天璣－3.祿存
天權－4.文曲
玉衡－5.廉貞
開陽－6.武曲
瑤光－7.破軍

　　由這七顆星構成杓子的形狀，而另外兩顆星8.左輔、9.右弼雖然隱藏而不顯，但實際上是一左一右護衛著北斗七星。按照這個次序將九星排入洛書九宮圖中，就得到九星配洛書的數字系統。將這個九星的數字系統與後天卦的數字系統結合起來，就得到「二十四山挨星圖」，這也就是談師玄空本義中的「妙合媾精圖」。

上哲博士24山挨九星圖

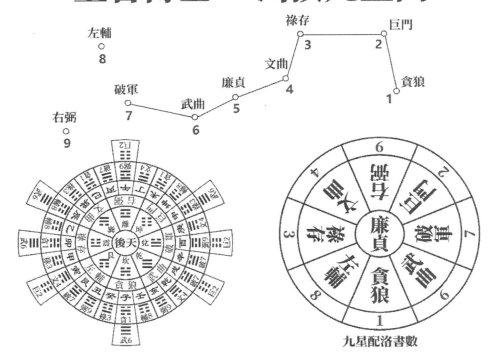

九星配洛書數

第十一章　太歲

　　玄空本義中說：「太歲，爲各人之造化」，即太歲法的應用，一是用來判斷吉凶事項會在何時發生，依照元運、金龍、零正、挨星等等法則，已看出陰陽宅的形勢格局和理氣分佈的情況是吉或是凶了，可是這吉或凶的事情究竟會在何時發生！

一、三合

　　二十四山中，每相隔四位即構成三合狀態。十二地支的三合情形如下：

　　申、子、辰爲三合。

　　亥、卯、未爲三合。

　　寅、午、戌爲三合。

　　巳、酉、丑爲三合。

二、六沖

　　24山相差180度對面的位置稱爲相沖。十二地支的相沖關係如下：

　　子——午相沖。

　　丑——未相沖。

　　寅——申相沖。

　　卯——酉相沖。

　　辰——戌相沖。

　　巳——亥相沖。

下面也附上有關地支常用的六合六害：

三、相刑

與某一地支方位相差 90 度的其它地支稱為相刑。某地支方位上有吉凶之象，當走到與該地支相刑的地支年分時，就很可能會發生吉或凶的事：

子——卯、酉為相刑。

丑——辰、戌為相刑。

寅——巳、亥為相刑。

卯——子、午爲相刑。
辰——丑、未爲相刑。
巳——寅、申爲相刑。
午——卯、酉爲相刑。
未——辰、戌爲相刑。
日——巳、亥爲相刑。
酉——子、午爲相刑。
戌——丑、未爲相刑。
亥——寅、申爲相刑。

相刑

太歲

第十二章　紫白飛星斷吉凶

　　紫白飛星是根據洛書，以九宮配上一至九的數字，每一個數字配有其顏色和五行屬性。紫白九星的位置會隨著元運和年月日時的不同，而在九宮盤上來變動，九星移動到不同的方位，就代表與該方位上所出現的吉凶，在吉凶事件的判斷上，九星各有其意義：

　　一白水星──佳，貪狼：事業、人緣與桃花
　　二黑土星──不佳，巨門：病符
　　三碧木星──不佳，祿存：口舌是非、訴訟官非
　　四綠木星──佳，文曲：智慧、學業
　　五黃土星──不佳，廉貞：招災惹禍甚至病痛
　　六白金星──佳，武曲：權力、事業、驛馬
　　七赤金星──不佳，破軍：盜賊、小人
　　八白土星──佳，左輔：財星、錢財
　　九紫火星──佳，右弼：婚姻喜慶

一、年紫白飛星

　　先判斷何者入中宮，將西元年的數字相加後用 11 的數字去相減。例如 2022 年的數字相加圍 2+2+2=6，用 11-6=5 所以五入中宮順飛。再以西元 2021 年為例，2+2+1=5，11-5=6 所以六入中宮。

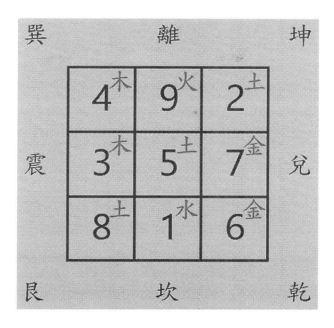

巽　　　　離　　　　坤

4 木	9 火	2 土
3 木	5 土	7 金
8 土	1 水	6 金

震　　　　　　　　　兌

艮　　　　坎　　　　乾

南
9	5	7
8	1	3
4	6	2

東　西
北

南
1	6	8
9	2	4
5	7	3

東　西
北

南
2	7	9
1	3	5
6	8	4

東　西
北

南
3	8	1
2	4	6
7	9	5

東　西
北

南
5	1	3
4	6	8
9	2	7

東　西
北

南
6	2	4
5	7	9
1	3	8

東　西
北

南
7	3	5
6	8	1
2	4	9

東　西
北

南
8	4	6
7	9	2
3	5	1

東　西
北

第十二章　紫白飛星斷吉凶

2023年紫白飛星圖

上哲博士2023年癸卯年 飛星盤

西北方	正北方	東北方
五黃煞	喜神位	破財位
五黃廉貞星 主兇災, 禍患	九紫右弼星 主姻緣、添丁	七赤破軍星 主破財、不利投資
正西方	中宮	正東方
偏財位	文昌位	病符位
六白武曲星 主投資、貴人	四祿文曲星 主事業、官位	二黑巨門星 主疾病、傷痛
西南方	正南方	東南方
桃花位	正財位	是非位
一白貪狼星 主感情、人緣	八白左輔星 主財運、事業	三碧祿存星 主是非、官司

上哲博士　年九宮飛星表

年 上 吉 星 論 甲 子			逐 年 星 逆 中 宮 行						
上元	中元	下元	60甲子年						
一白	四綠	七赤	甲子	癸酉	壬午	辛卯	庚子	己酉	戊午
九紫	三碧	六白	乙丑	甲戌	癸未	壬辰	辛丑	庚戌	己未
八白	二黑	五黃	丙寅	乙亥	甲申	癸巳	壬寅	辛亥	庚申
七赤	一白	四綠	丁卯	丙子	乙酉	甲午	癸卯	壬子	辛酉
六白	九紫	三碧	戊辰	丁丑	丙戌	乙未	甲辰	癸丑	壬戌
五黃	八白	二黑	己巳	戊寅	丁亥	丙申	乙巳	甲寅	癸亥
四綠	七赤	一白	庚午	己卯	戊子	丁酉	丙午	乙卯	
三碧	六白	九紫	辛未	庚辰	己丑	戊戌	丁未	丙辰	
二黑	五黃	八白	壬申	辛巳	庚寅	己亥	戊申	丁巳	
上 中 下 作 三 元 匯			一 上 四 中 七 下 始						

第十二章　紫白飛星斷吉凶

上哲博士紫白流月飛星

1.子午卯酉八白起正月順飛逆局

一月			二月			三月			四月			五月			六月		
7	3	5	6	2	4	5	1	3	4	9	2	3	8	1	2	7	9
6	8	1	5	7	9	4	6	8	3	5	7	2	4	6	1	3	5
2	4	9	1	3	8	9	2	7	8	1	6	7	9	5	6	8	4

七月			八月			九月			十月			十一月			十二月		
1	6	8	9	5	7	8	4	6	7	3	5	6	2	4	5	1	3
9	2	4	8	1	3	7	9	2	6	8	1	5	7	9	4	6	8
5	7	3	4	6	2	3	5	1	2	4	9	1	3	8	9	2	7

2.辰戌丑未五黃起正月順飛逆局

一月			二月			三月			四月			五月			六月		
4	9	2	3	8	1	2	7	9	1	6	8	9	5	7	8	4	6
3	5	7	2	4	6	1	3	5	9	2	4	8	1	3	7	9	2
8	1	6	7	9	5	6	8	4	5	7	3	4	6	2	3	5	1

七月			八月			九月			十月			十一月			十二月		
7	3	5	6	2	4	5	1	3	4	9	2	3	8	1	2	7	9
6	8	1	5	7	9	4	6	8	3	5	7	2	4	6	1	3	5
2	4	9	1	3	8	9	2	7	8	1	6	7	9	5	6	8	4

3.寅申巳亥二黑起正月順飛逆局

一月			二月			三月			四月			五月			六月		
1	6	8	9	5	7	8	4	6	7	3	5	6	2	4	5	1	3
9	2	4	8	1	3	7	9	2	6	8	1	5	7	9	4	6	8
5	7	3	4	6	2	3	5	1	2	4	9	1	3	8	9	2	7

七月			八月			九月			十月			十一月			十二月		
4	9	2	3	8	1	2	7	9	1	6	8	9	5	7	8	4	6
3	5	7	2	4	6	1	3	5	9	2	4	8	1	3	7	9	2
8	1	6	7	9	5	6	8	4	5	7	3	4	6	2	3	5	1

三、實際案例分析

1.案例一

（1）時間農曆 2022 年 1 月，年紫白 5 入中宮順飛，壬寅年二黑起正月（順飛）。

（2）中宮爲 2 黑 5 黃，2 黑巨門病符、5 黃廉貞災惹禍和病痛是不吉利之星，因此不會考慮中宮這方位。

（3）一六共宗，二七同道，三八爲朋，四九爲友；一水，二土，三木，四木，五土，六金，七金，八土，九火；因此離方 69 合 15 和西南坤方 28 合 10 是可以考慮的方位，但考慮相生相剋的關係 6 爲金 9 爲火，火剋金因此不建議；2 爲土 8 爲土坤方是較好的方位，此時間點可慮往坤方方向去買樂透或買房屋或在房屋的坤方爲您的主要座位點去談判重要事情。

年

4	9	2
3	5	7
8	1	6

月

1	6	8
9	2	4
5	7	3

2.案例二

（1）時間農曆 2021 年 5 月，年紫白 6 入中宮順飛，辛丑年五黃起正月（順飛逆局），1 入中宮。

（2）四九爲友，東北方 49 是好的方位；二七同道，西北方 27 也是佳；三八爲朋西方 38 也是很棒的好方位。此時間點往東北或西北或西方能提高成事的機會。

年

5	1	3
4	6	8
9	2	7

月

9	5	7
8	1	3
4	6	2

3.案例三

（1）時間農曆 2020 年 8 月，年紫白 6 入中宮順飛，庚子年八白起正月（順飛逆局），1 入中宮。

（2）合 10 合 5 的有東南方位 69、東北方位 14、西北方位 28；再考慮五行生剋關係，14 水生木東北方漢西北 28 土土是最佳方位。

年		
6	2	4
5	7	9
1	3	8

月		
9	5	7
8	1	3
4	6	2

第十三章　總結

上哲博士六法風水

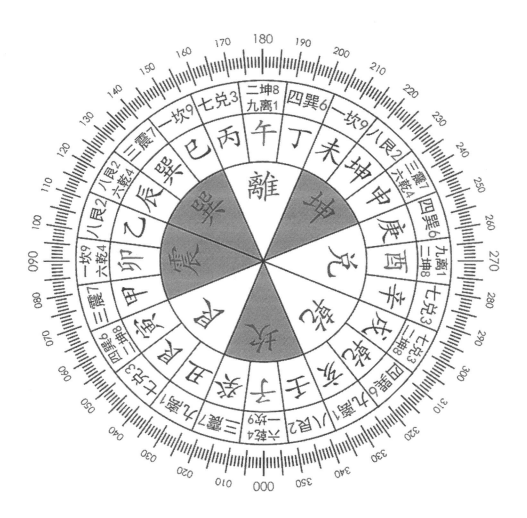

離
巽　坤
南
震 東　西 兌
北
艮　乾
坎

上哲　博士
六法
玄空

第十三章　總結

第十四章　附錄

一、西元轉換成六十甲子快速表

　　例如 2022 年天干就用 2022 年除以 10 所得餘數爲 2，所以查表得壬。2022 年地支就用 2022 年除以 12 所得餘數爲 6，所以查表得寅。因此西元 2022 年就是壬寅年。這是最方便且快速的方法。

上哲博士西元轉換成六十甲子的快速法

天干：　4　5　6　7　8　9　0　1　2　3
　　　　甲　乙　丙　丁　戊　己　庚　辛　壬　癸

地支：　4　5　6　7　8　9　10　11　0　1　2　3
　　　　子　丑　寅　卯　辰　巳　午　未　申　酉　戌　亥

六十甲子天干地支表

1	2	3	4	5	6	7	8	9	10	11	12
甲子	乙丑	丙寅	丁卯	戊辰	己巳	庚午	辛未	壬申	癸酉	甲戌	乙亥
13	14	15	16	17	18	19	20	21	22	23	24
丙子	丁丑	戊寅	己卯	庚辰	辛巳	壬午	癸未	甲申	乙酉	丙戌	丁亥
25	26	27	28	29	30	31	32	33	34	35	36
戊子	己丑	庚寅	辛卯	壬辰	癸巳	甲午	乙未	丙申	丁酉	戊戌	己亥
37	38	39	40	41	42	43	44	45	46	47	48
庚子	辛丑	壬寅	癸卯	甲辰	乙巳	丙午	丁未	戊申	己酉	庚戌	辛亥
49	50	51	52	53	54	55	56	57	58	59	60
壬子	癸丑	甲寅	乙卯	丙辰	丁巳	戊午	己未	庚申	辛酉	壬戌	癸亥

西元年除10和12看餘數

二、十二地支藏干

巳	午	未	申
庚金、丙火、戊土	己土、丁火	乙木、己土、丁火	戊土、庚金、壬水

辰			酉
乙土、戊土、癸水			辛金

卯	上哲博士風水		戌
乙木	十二地支藏干		辛金、丁火、戊土

寅	丑	子	亥
甲木、丙火、戊土	癸水、辛金、己土	癸水	甲木、壬水

木 火 土 金 水

| 甲、 | 丙、 | 戊、 | 庚、 | 壬 | 為陽 |
| 乙、 | 丁、 | 己、 | 辛、 | 癸 | 為陰 |

地支藏干歌訣：
寅宮甲木兼丙戊，卯宮乙木獨相逢
辰藏乙戊三分癸，巳中庚金丙戊叢
午宮丁火拼己土，未宮乙己丁共宗
申位庚金壬水戊，酉宮辛金獨豐隆
戌宮辛金及丁戊，亥藏壬甲是真蹤

三、六十甲子和六十四卦配卦表

上哲博士六十甲子與六十四卦配卦表

甲子 地坤地 1 / 地雷復 1 八	乙丑 火雷噬嗑 1 六	丙寅 風火家人 2 四	丁卯 山澤損 6 九	戊辰 天澤履 9 六	己巳 雷天大壯 8 二	庚午 雷風恆 8 九	辛未 天水訟 9 三	壬申 地水師 1 七	癸酉 風山漸 2 七
甲戌 水山蹇 7 二	乙亥 火地晉 3 三	丙子 山雷頤 6 三	丁丑 澤雷隨 4 七	戊寅 雷火豐 8 六	己卯 水澤節 7 八	庚辰 地天泰 1 九	辛巳 火天大有 3 七	壬午 風巽風 1 一	癸未 澤水困 4 八
甲申 火水未濟 3 九	乙酉 天山遯 6 四	丙戌 山艮山 1 一	丁亥 雷地豫 8 八	戊子 水雷屯 4 四	己丑 天雷無妄 9	庚寅 火離火 2	辛卯 風澤中孚 2	壬辰 山天大畜 6 四	癸巳 澤天夬 6 六
甲午 天乾天 9 / 天風姤 八	乙未 水風井 六	丙申 雷水解 8 四	丁酉 澤山咸 4 九	戊戌 地山謙 六	己亥 風地觀 2 二	庚子 風雷益 9	辛丑 地火明夷 1 三	壬寅 天火同人	癸卯 雷澤歸妹
甲辰 火澤睽 3 二	乙巳 水天需 1 三	丙午 澤風大過 4 三	丁未 山風蠱 2 七	戊申 風水渙 六	己酉 火山旅 3 八	庚戌 天地否 9 九	辛亥 水地比 7 七	壬子 雷震雷	癸丑 山火賁 6 八
甲寅 水火既濟 7 九	乙卯 地澤臨 1 四	丙辰 澤兌澤 4 八	丁巳 風天小畜 2 四	戊午 火風鼎	己未 地風升 1 二	庚申 水坎水 7 二	辛酉 雷山小過 8 三	壬戌 澤地革 4 四	癸亥 山地剝 6 六

上哲博士天干五合

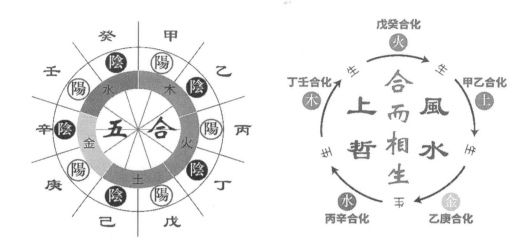

五、樓層和生肖五行的關係

上哲風水生肖五行和樓層關係

方位	五行	生肖	樓層
北方	水	鼠、虎、兔、豬	一、六
南方	火	牛、龍、蛇、馬、羊、狗	二、七
東方	木	虎、兔、蛇、馬	三、八
西方	金	鼠、猴、雞、豬	四、九
中央	土	牛、龍、羊、猴、狗	五、十

六、風水五行的形狀

上哲風水五行的形狀

 火
 木
 土
 金
水

火	太陽	尖頭為火	出官貴之人
木	少陽	頭尖瘦圓為木	出文人、名流、長壽之人
土	中和	頭方平為土	出富貴之人
金	少陰	頭圓為金	出武貴、女貴之人
水	太陰	身曲動為水	出專業、謀略之人

貪狼

巨門

祿存

文曲

廉貞

武曲

破軍

左輔

右弼

上哲博士
六十甲子納音掌訣

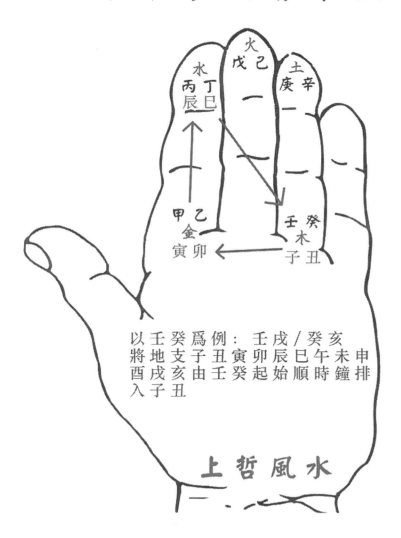

以壬癸為例：壬戌／癸亥
將地支子丑寅卯辰巳午未申
酉戌亥由壬癸起始順時鐘排
入子丑

上哲風水

年號	年份	年命	年號	年份	年命	年號	年份	年命	年號	年份	年命	年號	年份	年命
甲子	1924 1984	海中金	丙子	1936 1996	澗下水	戊子	1948 2008	霹靂火	庚子	1960 2020	壁上土	壬子	1972 2032	桑柘木
乙丑	1925 1985		丁丑	1937 1997		己丑	1949 2009		辛丑	1961 2021		癸丑	1973 2033	
丙寅	1926 1986	爐中火	戊寅	1938 1998	城墻土	庚寅	1950 2010	松柏木	壬寅	1962 2022	金箔金	甲寅	1974 2034	大溪水
丁卯	1927 1987		己卯	1939 1999		辛卯	1951 2011		癸卯	1963 2023		乙卯	1975 2035	
戊辰	1928 1988	大林木	庚辰	1940 2000	白蠟金	壬辰	1952 2012	長流水	甲辰	1964 2024	燈頭火	丙辰	1976 2036	沙中土
己巳	1929 1989		辛巳	1941 2001		癸巳	1953 2013		乙巳	1965 2025		丁巳	1977 2037	
庚午	1930 1990	路旁土	壬午	1942 2002	楊柳木	甲午	1954 2014	砂中金	丙午	1966 2026	天河水	戊午	1978 2038	天上火
辛未	1931 1991		癸未	1943 2003		乙未	1955 2015		丁未	1967 2027		己未	1979 2039	
壬申	1932 1992	劍鋒金	甲申	1944 2004	泉中水	丙申	1956 2016	上下火	戊申	1968 2028	大驛土	庚申	1980 2040	石榴木
癸酉	1933 1993		乙酉	1945 2005		丁酉	1957 2017		己酉	1969 2029		辛酉	1981 2041	
甲戌	1934 1994	山頭火	丙戌	1946 2006	屋上土	戊戌	1958 2018	平地木	庚戌	1970 2030	釵釧金	壬戌	1982 2042	大海水
乙亥	1935 1995		丁亥	1947 2007		己亥	1959 2019		辛亥	1971 2031		癸亥	1983 2043	

國家圖書館出版品預行編目資料

上哲博士玄空六法實務解析真訣／沈上哲著.
－初版.－高雄市：沈上哲，2022.4
　　面；　公分
　　ISBN 978-957-43-9908-6（平裝）

1.CST：堪輿

294　　　　　　　　　　　　　111003404

上哲博士玄空六法實務解析真訣

作　　　者　沈上哲

校　　　對　沈上哲

出版發行　沈上哲

　　　　　　830高雄市鳳山區自強二路229號

　　　　　　電郵：shangzhe@yahoo.com

　　　　　　傳真：（07）8127316

設計編印　白象文化事業有限公司

　　　　　　專案主編：黃麗穎　　經紀人：徐錦淳

經銷代理　白象文化事業有限公司

　　　　　　412台中市大里區科技路1號8樓之2（台中軟體園區）

　　　　　　出版專線：（04）2496-5995　　傳真：（04）2496-9901

　　　　　　401台中市東區和平街228巷44號（經銷部）

　　　　　　購書專線：（04）2220-8589　　傳真：（04）2220-8505

印　　　刷　百通科技股份有限公司

初版一刷　2022 年 4 月

二版一刷　2023 年 4 月

定　　　價　650 元

生基改運法是藉地理風水之術
———— 改人先天之命的方法

上哲生基園－正龍正穴

地點: 臺東花蓮交界

方位: 坐乾向巽 / 辛方來龍

分類: 個人位 / 家族位

不可多得的穴場

我們會搭配科學性的作法,
利用舒曼波來使生基效果靈動更好!
舒曼波就是撓場(Torsion field)的應用!

請洽詢上哲博士專線0973 688 095或臉書訊息

上哲博士玄空6法和3元納氣開課

上哲風水學

限時
特惠

師資：沈上哲博士

1對1或
1對2-5個人
用ZOOM上課

課程优势

開班特色

基礎教起
完整學會2套風水派別
(玄空6法和3元納氣)

上課時間由老師和學生協調敲定

教師
經歷

- ☑ 上哲博士風水負責人
- ☑ 師大碩士
- ☑ 義大電機博士
- ☑ 上海交大生物專業博士
- ☑ 大學教授

- ☑ 中華民國天機地理協會高級學術顧問
- ☑ 中國五術命理學會學術顧問
- ☑ 東方易理哲學教育研究會學術顧問
- ☑ 宜蘭縣星相卜卦與堪輿業職業工會高級學術顧問

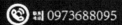 電話 0973688095

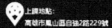 上課地點：
高雄市鳳山區自強2路229號

限 時 特 惠 🔍